VENTE VOLONTAIRE
(DÉPART)
Les Vendredi 30 et Samedi 31 Janvier 1914
SALLE DES VENTES : 28, RUE MABLY
A 1 HEURE

OBJETS D'ART
ET
D'AMEUBLEMENT
ANCIENS

Sièges en Tapisserie
Petits Meubles
Terres Cuites, Peintures, etc.
DU XVIIIE SIÈCLE
&
BEAUX OBJETS D'ART MODERNES

COMMISSAIRE-PRISEUR
Me J. DUVAL
28, Rue Mably

EXPERT ASSERMENTÉ
M. ERNEST DESCAMPS
2, Rue Jean-Jacques-Bel

JANVIER 1914

IMPR. & PHOTOTYPIE GUSTAVE CHARIOL
25, Rue des Frères-Bonie. — BORDEAUX

CATALOGUE

d'Objets d'Art et d'Ameublement

ANCIENS

FAÏENCES, PORCELAINES

PEINTURES

DE DIFFÉRENTES ÉPOQUES

PETITS MEUBLES

en marqueterie, bois de satiné, bois de rose, avec motifs en bois de couleurs garnis de bronzes, du XVIIIe siècle.

SECRÉTAIRES, dont un dit avoir appartenu

A Mlle DE MUSSET

et CHARMANT PETIT BUREAU PLAT, PETIT GUÉRIDON

(ÉPOQUE DE LOUIS XVI)

BERGÈRES, FAUTEUILS, CANAPÉ

recouverts en soie et en tapisserie.

BUSTES FEMMES, terre cuite XVIIIe siècle.

BRONZES D'AMEUBLEMENT

OBJETS DE VITRINE, GRAVURES, etc.

suivis

D'OBJETS ARTISTIQUES MODERNES

en Meuble de Salon style Louis XVI garni en Aubusson très fin, Meubles divers, Lustres, Suspensions, Lanternes, Lampadaire.

IMPORTANTES STATUETTES EN BRONZE DE BARBEDIENNE

d'après DUBOIS, CLODION et autres.

BUSTE EN MARBRE (La Diane de Houdon)

POUR CAUSE DE DÉPART DE Mr T...

DONT LA VENTE AURA LIEU RUE MABLY, 28

LES VENDREDI 30 ET SAMEDI 31 JANVIER 1914

A 1 HEURE

Commissaire-Priseur
Me J. DUVAL
28, Rue Mably

Expert Assermenté
M. Ernest DESCAMPS
2, Rue Jean-Jacques-Bel

BORDEAUX

EXPOSITIONS : Les Mercredi 28 et Jeudi 29 Janvier 1914

de 9 heures à 11 heures et de 2 heures a 5 heures.

CONDITIONS DE LA VENTE

Elle aura lieu au comptant.

Les adjudicataires paieront **cinq pour cent** en plus des adjudications.

Nota. — Il est recommandé tout particulièrement à Messieurs les acheteurs de vouloir bien se rendre compte de la nature et de l'état des objets pendant les expositions, attendu qu'une fois l'adjudication prononcée aucune réclamation ne sera admise de quelque nature qu'elle puisse être.

Aussi ne pouvant accepter aucune responsabilité, MM. les adjudicataires sont instamment priés de faire enlever leurs achats de suite après chaque vacation.

ORDRE DES VACATIONS

Le Vendredi, *30 Janvier 1914.* — Faïences, Porcelaines et divers, du numéro 1 au numéro 77 inclus.

Le Samedi, *31 Janvier 1914.* — Bronzes, Peintures, Meubles, du numéro 78 au numéro 159.

Remarque. — Le temps trop limité ne nous ayant pas permis de faire toutes les phototypies voulues, nous avons, pour faciliter l'attention, fait imprimer en caractères **PLUS GRANDS** les pièces les plus intéressantes de la Collection.

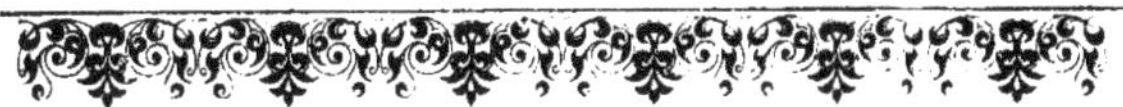

DÉSIGNATION DES OBJETS

FAÏENCES ET PORCELAINES
(Modernes)

1 — Tasse genre cloisonné ; tasse genre Canton ; 2 soucoupes Japon et divers.

2 — Service à thé en Canton (1830) : 1 cafetière, 6 tasses et 1 pot à lait.

3 — Déjeuner, porcelaine de Limoges (1830), fleurs sur fond blanc : bol, pot à lait, verseuse, sucrier et plateau.

4 — Petit service d'une personne, en Canton (1830) : tasse à café, cafetière, sucrier et plateau.

FAÏENCES ET PORCELAINES
(Anciennes)

5 — Théïère, Chine bleu ; petite tasse fond cachou, à réserves et une assiette, Chine bleu.

6 — Quatre assiettes Sud-Ouest (pièces avariées).

7 — d° d° d°

8 — Trois assiettes, un saladier d°

9 — Quatre assiettes diverses d°

10 — Deux saladiers (pièces avariées).

11 — Plat et petite soupière Strasbourg (pièces avariées).

12 — Quatre assiettes Strasbourg (bon état).

13 — d° d° d°

14 — Plat rond, plat ovale, deux assiettes (bon état).

15 — Quatre assiettes diverses (bon état).

16 — d° terre de pipe, à impressions (bon état).

17 — Deux plats et un saladier (avariés).

18 — Quatre assiettes Strasbourg (bon état).

19 — d° d° d°

20 — d° d° d°

21 — d° d° d°

22 — Deux plats à barbe Sud-Ouest (bon état).

23 — Un plat à barbe et deux plats longs (bon état).

24 — Deux assiettes Strasbourg ; deux Nevers (bon état).

25 — Assiette Nevers et une terre de pipe d°

26 — Quatre assiettes terre de pipe d°

27 — Un saladier et deux assiettes d°

28 — Quatre assiettes Strasbourg d°

29 — Deux plats Strasbourg d°

30 — d° d° d°

31 — Quatre assiettes Strasbourg d°

32 — Deux plats d° d°

33 — Deux saladiers d° d°

34 — Deux plats d° d°

35 — d° d° d°

36 — Deux assiettes, un cachepot et une soupière félée.

37 — Plat blanc terre de pipe et une petite cafetière de forme orientale.

38 — Plat de Thoune, décor oriental, dessous brun.

39 — Service à thé en faïence anglaise, genre de St-Clément, fleurettes sur fond blanc, composé de : sucrier, cafetière, théière, 2 assiettes à pain, un bol, 4 petites assiettes, 12 assiettes à beurre, 23 soucoupes creuses, 10 tasses à café ou thé, 7 tasses à chocolat (XIXe siècle).

40 — Paire de vases à sujets (époque Restauration).

PORCELAINES DE CHINE

41 — **PLAT CARRÉ**, creux, à ressaults aux angles, famille verte avec violet (IVe période).

42 — **PAIRE DE POTICHES**, forme ovoïde, plus étroites dans le bas, même décor sur fond gris jaunâtre (IVe période), légères avaries aux cols.

Haut., 0m35.

43 — **TUBE PORTE-FLEURS**, à reliefs, en chine bleu, en forme de balustre tronquée, avec trous sur le dessus, pièce intéressante (bon état).

Haut., 0m23.

44 — Tube à base élargie, en bleu, mascarons en relief (fêlure).

Haut., 0m14.

45 — Un plat rond en Satzuma.

46 — Deux autres d°

47 — Deux coupes, vieux Sèvres, en bleu fouetté.

PORCELAINES MODERNES

48 — **Saxe**. — Douze assiettes.

49 — **Genre Sèvres**. — Paire de grands cachepots en forme de cube, décorés de scènes galantes et fleurs en réserve sur fond bleu turquoise, XIXe siècle.

0m25 carré.

50 — **Vienne**. — Pot à eau et sa cuvette, style pompéïen, guirlandes de fleurs sur fond rose, XIXe siècle (légère avarie au pot à eau).

PORCELAINES ANCIENNES

51 — **Paris.** — Verseuse, bouquets de roses sur fond blanc (couvercle avarié).

52 — **Compagnie des Indes.** — Boîte à thé (armoiries).

53 — » » — Petit hanap en forme de casque et son présentoir, fleurs sur fond blanc.

54 — **Chine.** — Légumier en forme de choux, Céladon en vert sur biscuit.

55 — **Saxe.** — Porte-bouquet polychrome en forme de commode.

56 — **Montpellier.** — Soupière forme toupie, fleurs en polychrome sur fond jaune (fêlures).

57 — **Moustiers.** — Moutardier, décor grotesque jaune.

58 — » — Moutardier, décor grotesque vert et manganèse.

59 — **Bordeaux.** — Intéressante tasse à vin, polychrome, suite des Chartreux ; inscription en noir au fond : Fayet-Paget. L'anneau est brisé.

60 — **Delft.** — Petite potiche bleue, sans couvercle (avariée) et une bouteille à long col.

61 — **Moustiers.** — Jolie assiette polychrome, à guirlandes, signée Olery, XVIIIe siècle.

62 — **Bordeaux.** — Pot à eau et sa cuvette octogone, en polychrome.

DIVERS

63 — Petit coffret ovale en galvano et bronze, et un cadre en bronze argenté pour une photographie.

64 — Cadre en bronze argenté, pour deux photographies.

65 — Petite pendulette fantaisie, dorée et argentée.

66 — Deux assiettes bleues, montures bronze doré.

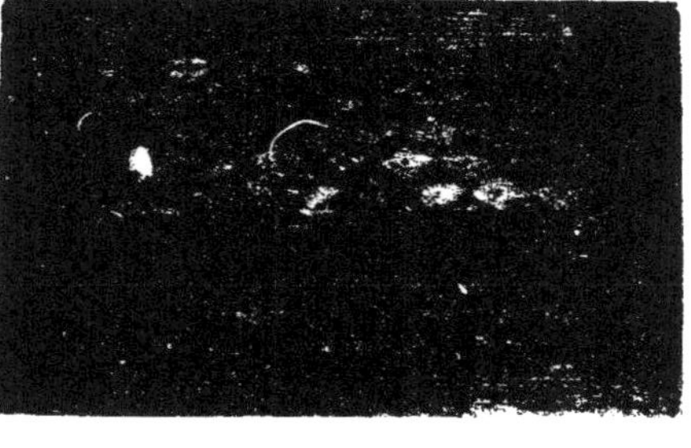

Dessus de la petite table N° 142 (ci-dessous)

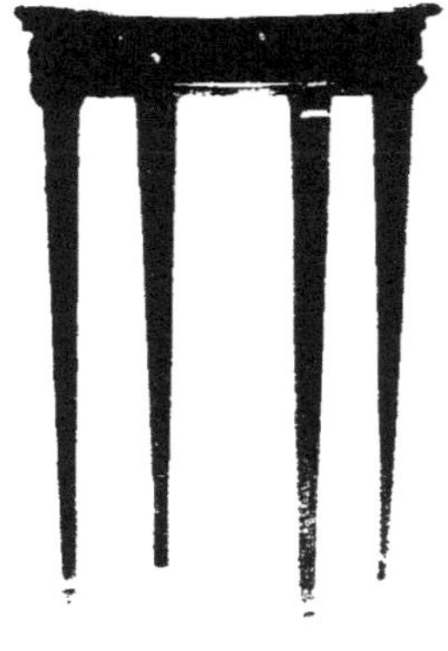

N° 140

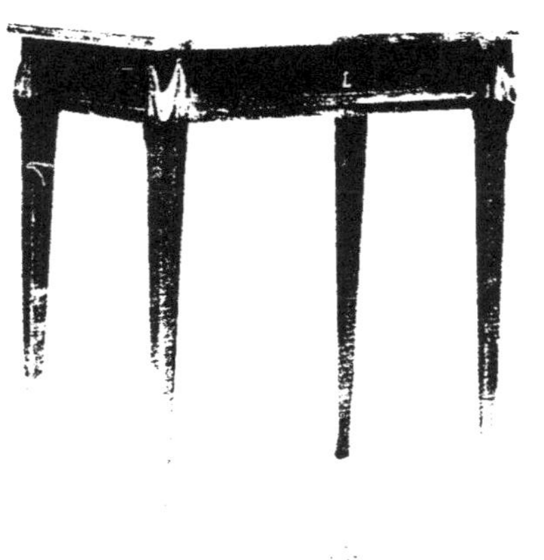

N° 142

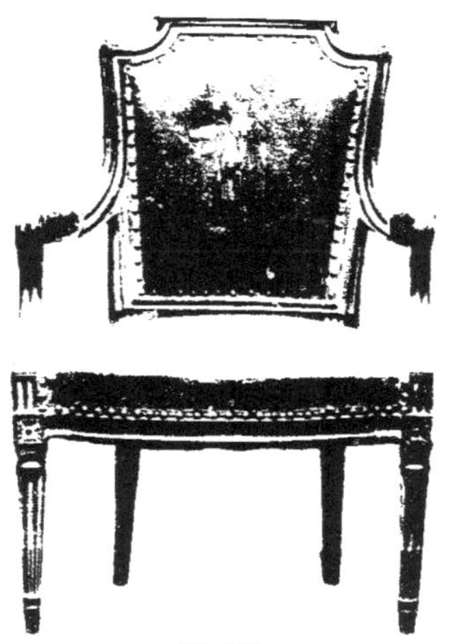

N° 133

67 — Bonbonnière en faïence peinte, genre chinois, monture bronze doré.

68 — Jardinière, cuivre, avec applications.

69 — Plat cloisonné, genre Chine, oiseaux et fleurs.

70 — Plat cloisonné, genre Chine, oiseaux et fleurs.

71 — Deux assiettes en étain, bords à moulures, XVIIIe siècle.

72 — Cruche en étain, signée A. Lutens, XIXe siècle.

73 — Plat étain, ovale, signé Layserzinn.

0[m]52.

74 — Théière étain et paire de mouchettes en cuivre, avec son plateau.

75 — Grand vase, de forme ovoïde, à anses, en cuivre ciselé et gravé (Bénarès).

Haut., 0[m]70.

76 — Paire de grands vases anciens, en bronze patine brune, à panse, col élancé, ornementé d'oiseaux et dragon impérial en relief.

Haut., 0[m]65.

77 — Deux petits sabres japonais.

BRONZES

78 — Jardinière, en bronze argenté.

79 — Bronze de Clodion.

80 — Petit bras de lumière, forme potence.

81 — Paire de petits chenêts, style Renaissance.

82 — Marmite chinoise, à 3 pieds, bronze ancien

83 — Paire de grandes buires, en bronze, style Renaissance.

84 — Jardinière, même genre que les précédentes.

85 — **IMPORTANT ET ARTISTIQUE BÉNITIER**, en bronze argenté, doré, représentant l'Ange Gardien en haut relief, dans un cadre élégant en forme de cœur, également en bronze argenté et doré, XIXe siècle.

Haut., 1[m] ; Larg., 0[m]60.

86 — Enfants en costumes de seigneurs Louis XIII (statuettes).

Haut., 0[m]70.

87 — "Ophélie et Marguerite", 2 statues, en bronze argenté, signées Debut (Barbedienne).

Haut., 0m80.

88 — "Le dernier coup de crochet", 2 statues importantes, hommes et femmes (chiffonniers), patine brune, signée Dubois (Barbedienne).

Haut., 1m.

89 — Grand lustre, suspension de salle à manger, style Renaissance, à 4 bouquets de 4 lumières, disposés en ovales.

Haut. sans compter la lampe, 1m75.
Ovale, 1m.

90 — Pied support de jardinière, style Renaissance, très élégant, le plateau ovale sur 4 pieds à griffes.

Long., 0m75; Larg., 0m35.
Haut., 1m.

91 — Grande suspension, style Renaissance, à 4 bras d'une bougie, avec lanterne au centre.

Haut., 1m30; Larg., 1m.

92 — Lampadaire, style Renaissance, monté sur colonne de bois naturel, ornementé de bronze.

Haut., 1m80.

93 — Importante pendule, en bronze doré, du XIXe siècle.

FER FORGÉ

94 — Paire de chenêts, forgés et repoussés, représentant des feuillages.

Haut., 0m75.

95 — Lustre à lanterne, style Renaissance, à 4 bouquets de 3 lumières (Salviati, Venise).

Haut., 1m.

OBJETS DE VITRINE

96 — Eventail, monture nacre sculptée, applications d'or en relief dans le goût chinois, feuille en peau de poule ornementée d'une gouache pastorale du XIXe siècle.

97 — Éventail, monture ivoire sculpté, applications d'argent, feuille en soie peinte avec sujet galant restauré, époque de Louis XVI.

98 — Éventail, monture ivoire, feuille soie peinte appliquée sur peau de poule, sujet galant, fin de Louis XVI.

99 — Petit éventail hollandais, tout ivoire laqué en polychrome, sujet du centre : trois personnages faisant de la musique ; à droite et à gauche et dans le bas, scène chinoise avec entourage d'ornements en or, époque de la Régence.

100 — Petit éventail chinois, en bronze doré, filigrané et émaillé.

GRAVURES NOIRES

101 — Un lot intéressant de pièces diverses en carton (à diviser) : gravures, lithographies et autres.

102 — ***Passage du Roi sur le Pont-Neuf lors de son entrée à Paris*** (3 mai 1814), d'après Milliney, par Prinsger, pièce superbe avec la *Montgolfière*, dédiée au roi (superbe état), encadrée.

0m92 × 0m64.

GOUACHE

103 — ***Le Maréchal-Ferrant***, grande pièce dans le goût de Sebuébach.

PASTELS

104 — Deux portraits, Ier Empire.

PEINTURES

105 — Paysage sur bois (très avarié) ; *Saint-Joseph et l'Enfant Jesus*, cuivre, sans cadre (deux pièces).

106 — **Monticelly.** — Jeunes femmes en costumes orientaux, peinture sur tambour provençal (signé).

107 — **Anonyme.** — *Choc de Cavalerie*, esquisse intéressante dans le goût impressionniste.

108 — **Anonyme.** — Fragment d'une toile représentant une bataille, XVIIe siècle.

109 — **A. Vollon.** — ***Charmante petite peinture représentant un vase et des fleurs ;*** initiales A. V.

110 — **G. Courbet.** — ***Après l'orage, pleine mer*** (signé).

111 — **Berthier.** — ***Le Lavoir,*** femme au bord d'une rivière, dans un charmant paysage plein de lumière (signé).

112 — **Schoen** 1420 à 1488 (attribué à). — Tryptique à volets et cinq sujets religieux (altération).

113 — **Ecole Hollandaise.** — *Intérieur de Cabaret*, genre Téniers.

114 — **Calver-Laure.** — Deux peintures.

115 — **Kalp.** — *Nature morte*, (signé).

116 — **Ecole Flamande.** — *Mise au Tombeau*, grand cuivre.

117 — **Ecole de Mignard.** — Deux petits portraits, en ovale, homme et femme, époque de la Régence, cadres bois sculpté doré de l'époque.

118 — **Anonyme.** — *Marine*, époque 1830.

119 — **Anonyme.** — *Intérieur*, époque 1830.

120 — **Anonyme.** — *Renaud dans le Jardin d'Armide*, XVIIIe siècle.

121 — **Genre Vernet.** — *Marine*, dans un cadre sculpté doré, époque de Louis XVI.

122 — **J. Vernet** (attribué à). — ***Jolie Marine.***

123 — **Ecole Hollandaise.** — Petit intérieur sur bois.

124 — Glace-trumeau, époque de Louis XVI.

GLACES

125 — Glace, époque de Louis XVI.

126 — Glace, époque de Louis XVI, plus petite.

127 — Cadre de glace, bois sculpté doré, du XVIIIe siècle.

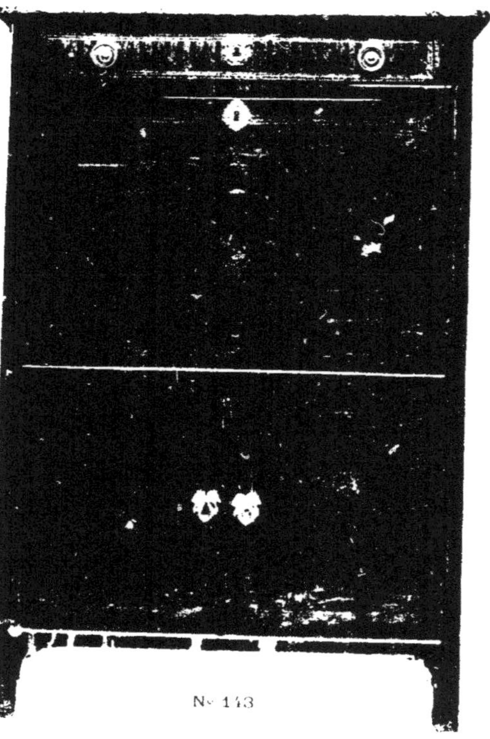
N° 143

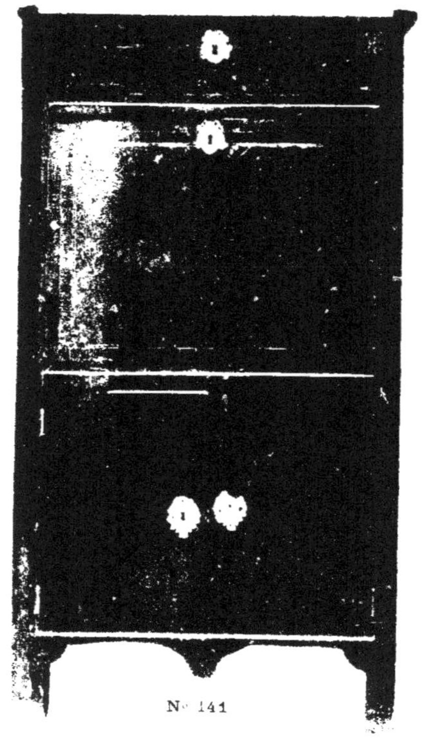
N° 141

SIÈGES

128 — Une bergère garnie velours.

129 — Deux bergères à coussins.

130 — Un fauteuil canné.

131 — Un fauteuil Louis XVI, à personnages.

132 — Deux fauteuils époque de Louis XV, au petit point.

133 — **MEUBLE DE SALON**, époque de Louis XVI, chapeau noyer naturel, recouvert en tissu moderne : un canapé, six fauteuils.

134 — Paire de bergères acajou, époque Directoire.

MEUBLES

135 — Console fermée Louis XVI.

136 — Commode Louis XVI.

137 — Bureau Louis XVI.

138 — Bibliothèque Louis XVI.

139 — Écran devant de feu (restauration).

140 — **PETITE TABLE GUÉRIDON**, ronde, à quatre pieds en forme de gaine, marbre incrusté sur la table, pièce très fine de l'époque de Louis XVI (manque les perles qui encadraient la ceinture).

141 — Petit secrétaire droit à abattant plaqué de bois de rose et palissandre, fonçures en chêne, époque de Louis XVI (bon état).

142 — Tout petit bureau plat de dame, rectangulaire, en plaquage fin de bois de rose ornementé au trait, le dessus décoré en marqueterie de bois de couleur formant des losanges à marguerites, ceinture en bronze ; les angles de chaque pied ornés de draperies en bronze doré, sabots en bronze, tiroir et planche à coulisse garnie de cuir, encrier. Pièce rare de l'époque de Louis XVI (bon état).

(0m65 × 0m40)

143 — Charmant et très intéressant secrétaire droit, à abattant, plaque de satiné; l'abattant ainsi que les deux portes du bas sont ornementés de médaillons avec sujets en marqueterie en bois de couleurs représentant des vases de fleurs et attributs de musique; le tiroir également en marqueterie de bois de couleurs simulant les cannelures, est d'un effet très plaisant. Son marbre gris, ses anneaux de tirage et ses entrées (sauf celle de l'abattant).

Ce meuble fut acheté hôtel Drouot en 1889, annoncé comme ayant appartenu à Mlle de Musset.

Haut., 1m40; Larg., 0m95.
Prof., 0m40.

144 — **TABLE CARRÉE**, entièrement revêtue, ainsi que les 4 pieds, de petites plaques d'ivoire sculptées, à feuillages superposés en écaille de poisson, ornementés sur le tout de personnages, armoiries et chiffres; le dessus est couvert d'une glace encadrée d'une large bordure du même travail, sous laquelle se trouve le portrait de Louis XIV en médaillon, surmonté d'armoiries entourées d'arabesques et personnages toujours en ivoire et du même travail.

0m73 carré; Haut., 0m80.

STATUE EN PIERRE

145 — ***Vierge tenant l'enfant Jésus,*** la tête de l'enfant est refaite (XVe siècle).

TERRES CUITES

146 — *Buste de femme*, époque de Louis XVI.

147 — *Buste de faune*, époque de Louis XVI.

148 — Deux petits bustes femmes, époque de Louis XVI, socle marbre.

MARBRE

149 — ***Buste de Diane,*** grandeur nature (d'après Houdon).

MEUBLES MODERNES

150 — Meubles de salon, en bois naturel sculpté, style Louis XVI, recouverts en tapisserie fine d'Aubusson, représentant les contes de Perrault :

1 canapé ;
4 fauteuils ;
4 chaises.

151 — Jolie desserte, à étagères, en palissandre sculpté, à colonnettes cannelées, époque romantique.

Haut., 1m ; Larg., 1m.
Profond., 0m40.

152 — Pendule applique, en bois sculpté, époque de Louis XV.

153 — Meubles, style Renaissance, en bois naturel recouvert imitation cuir de Cordoue, d'un travail artistique, composés de :

1 petite chaise basse, renversée, à X ;
1 fauteuil ;
1 petite table quatrilobée ;
1 causeuse, formée de 2 fauteuils bas, cintrés, accolés et inversés.

154 — Une poche à journaux, imitation Cordoue.

155 — Un paravent à 3 feuilles, imitation Cordoue, déployé.

1m15.

156 — Table bois noir, à pans coupés, motifs cuivre.

157 — Deux chevalets droits, bois naturel.

158 — Un chevalet renversé, bois noir.

159 — Deux grandes gravures anglaises en noir.

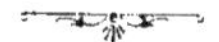

Bordeaux. — Imp. G. Chariol, 25, rue des Frères Bonie.

www.ingramcontent.com/pod-product-compliance
Ingram Content Group UK Ltd.
Pitfield, Milton Keynes, MK11 3LW, UK
UKHW022153260726
13993UKWH00005B/2332